Impressum
Verlag: BABADADA GmbH, Nedderfeld 112 , 22529 Hamburg
Geschäftsführer / Verlagsleitung: Harald Hof
Druck: Books on Demand GmbH, In de Tarpen 42, 22848 Norderstedt

Imprint
Publisher: BABADADA GmbH, Nedderfeld 112 , 22529 Hamburg, Germany
Managing Director / Publishing direction: Harald Hof
Print: Books on Demand GmbH, In de Tarpen 42, 22848 Norderstedt

l'école
escola

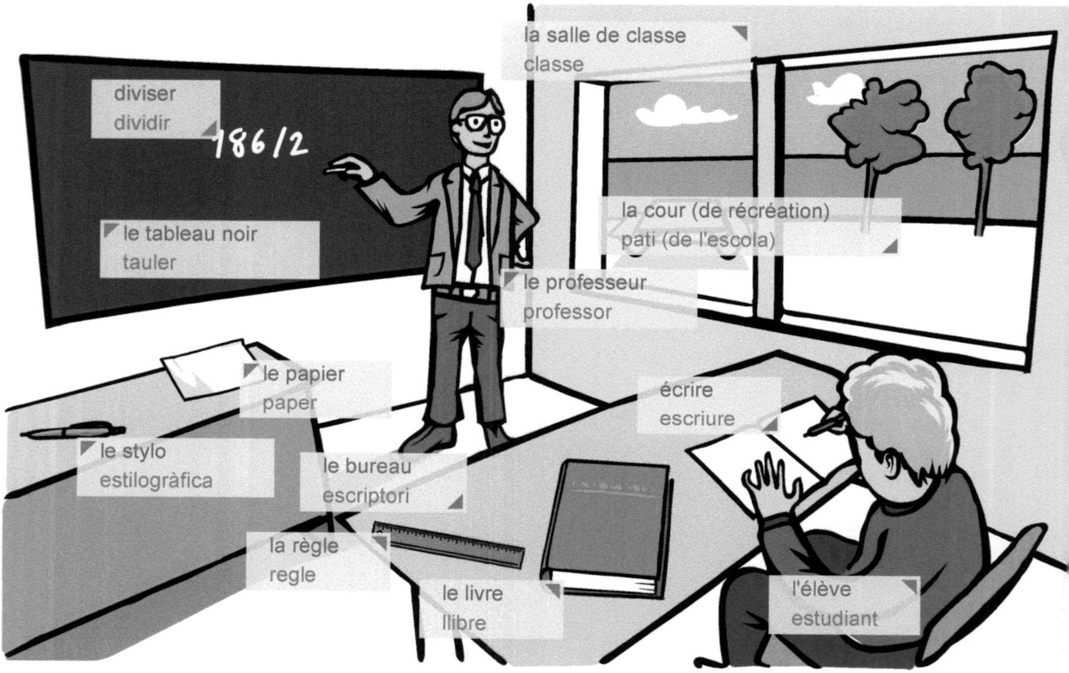

la salle de classe
classe
diviser
dividir
186/2
le tableau noir
tauler
la cour (de récréation)
pati (de l'escola)
le professeur
professor
le papier
paper
écrire
escriure
le stylo
estilogràfica
le bureau
escriptori
la règle
regle
le livre
llibre
l'élève
estudiant

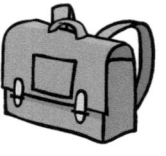

le cartable
bossa

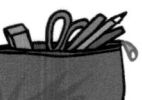

la trousse
estoig

le crayon
llapis

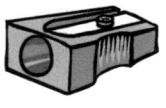

le taille-crayon
maquineta de fer punta

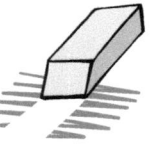

la gomme
goma

le carnet à dessin
bloc de dibuix

le dessin

dibuix

le pinceau

pinzell

la boîte de peinture

capsa de pintures

les ciseaux

tisores

la colle

cola

le cahier d'exercices

quadern d'exercicis

les devoirs

deures

le chiffre

nombre

additionner

afegir

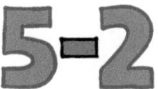

soustraire

sostreure

multiplier

multiplicar

calculer

calcular

la lettre

lletra

l'alphabet

alfabet

le mot

mot

le texte

text

lire

llegir

la craie

guix

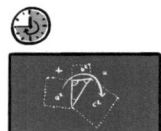

la leçon

lliçó

le livre de classe

llibre de classe

l'examen

examen

le certificat

certificat

l'uniforme scolaire

uniforme escolar

la formation

formació

le lexique

enciclopèdia

l'université

universitat

le microscope

microscopi

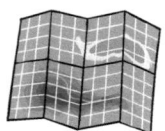

la carte

mapa

la corbeille à papier

paperera

le voyage
viatge

l'hôtel
hotel
Grand
l'auberge
alberg
ROOMS
le bureau de change
oficina de canvi
ECHANGE
la valise
maleta
la voiture
automòbil

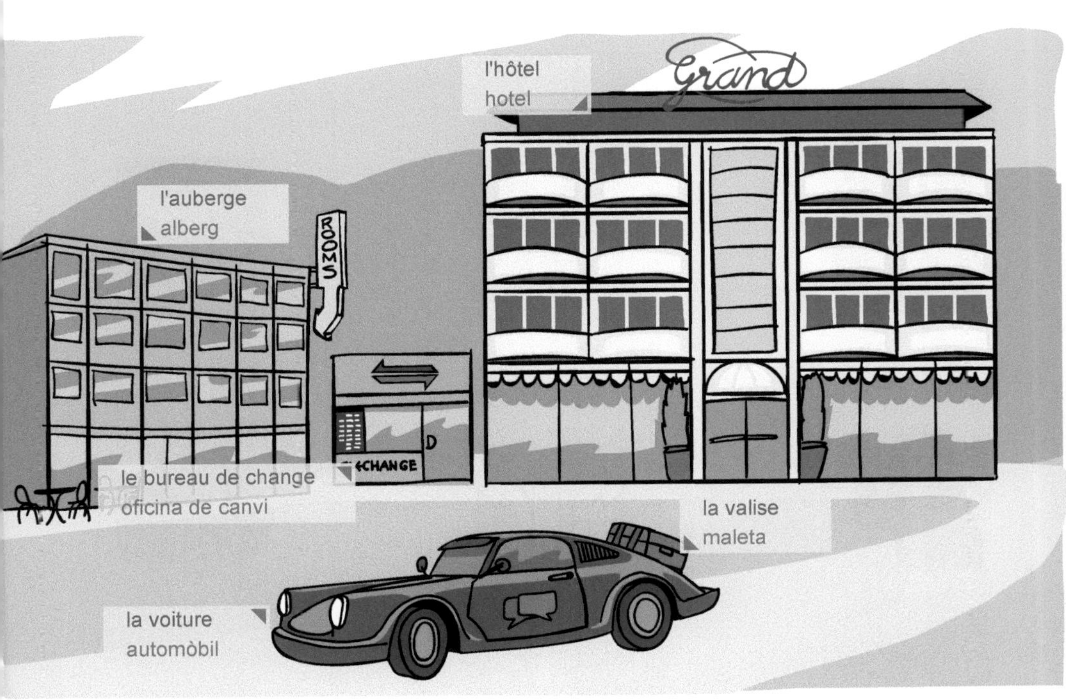

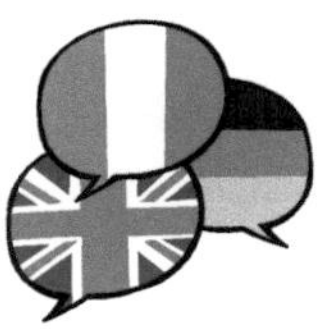

la langue
llengua

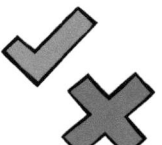

oui / non
sí / no

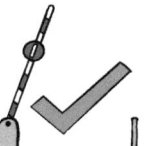

d'accord
D'acord

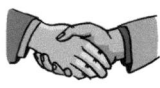

Salut
Ey!

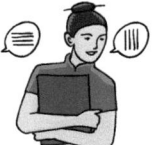

l'interprète
traductora

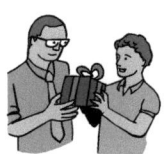

merci
gràcies

Combien coûte...?

Quant costa... ?

Je ne comprends pas

No entenc

le problème

problema

Bonsoir !

Bona nit!

Bonjour !

bon dia!

Bonne nuit !

bona nit!

Au revoir

fins aviat

la direction

direcció

les bagages

bagatge

le sac

bossa

le sac-à-dos

sarrona

l'hôte

convidat

la pièce

cambra

le sac de couchage

sac de dormir

la tente

tenda

le voyage - viatge

l'office de tourisme

oficina de turisme

la plage

platja

la carte de crédit

carta de crèdit

le petit-déjeuner

esmorzar

le déjeuner

dinar

le dîner

sopar

le billet

bitllet

l'ascenseur

ascensor

le timbre

segell

la frontière

frontera

la douane

duana

l'ambassade

ambaixada

le visa

visat

le passeport

passaport

le transport
transport

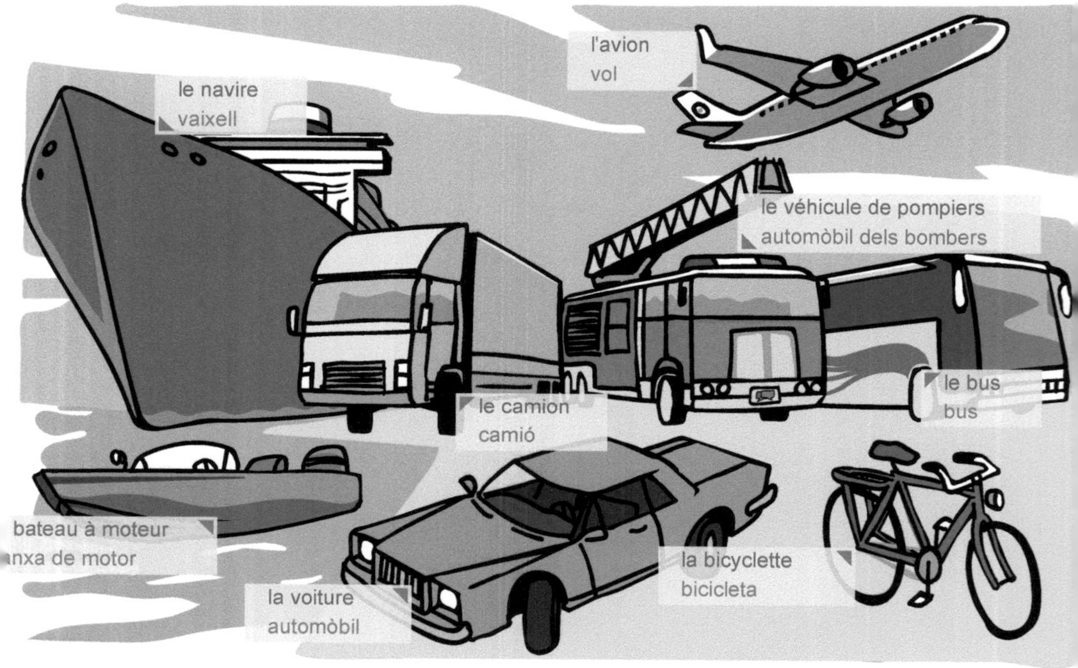
l'avion
vol
le navire
vaixell
le véhicule de pompiers
automòbil dels bombers
le bus
bus
le camion
camió
bateau à moteur
nxa de motor
la bicyclette
bicicleta
la voiture
automòbil

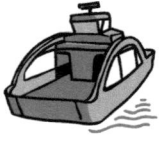

le ferry
transbordador

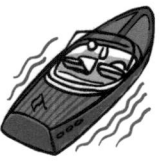

la barque
barca

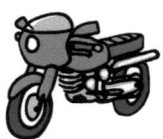

la moto
moto

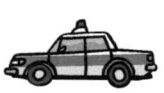

la voiture de police
automòbil de policia

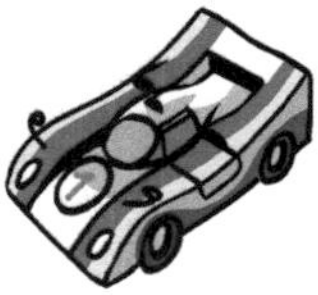

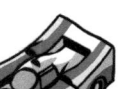

la voiture de course
automòbil de curses

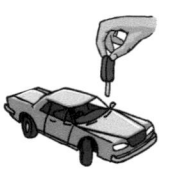

la voiture de location
automòbil de lloguer

l'auto-partage

vehicle compartit

la voiture de remorquage

grua

la benne à ordures

camió de les escombraries

le moteur

motor

l'essence

benzina

la station d'essence

benzineria

le panneau indicateur

senyal de trànsit

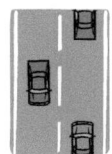

le trafic

trànsit

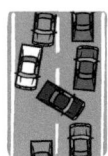

l'embouteillage

embús

le parking

aparcament

la gare

estació de trens

les rails

vies

le train

tren

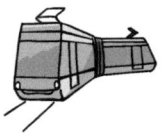

le tramway

tramvia

le wagon

vagó

l'hélicoptère
helicòpter

l'aéroport
aeroport

la tour
torre

le passager
passatger

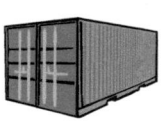

le conteneur
contenidor

le carton
capsa de cartó

le chariot
carretó

la corbeille
cistella

décoller / atterrir
enlairar-se / aterrar

la ville
ciutat

le village
poble

le centre-ville
centre de la ciutat

la maison
casa

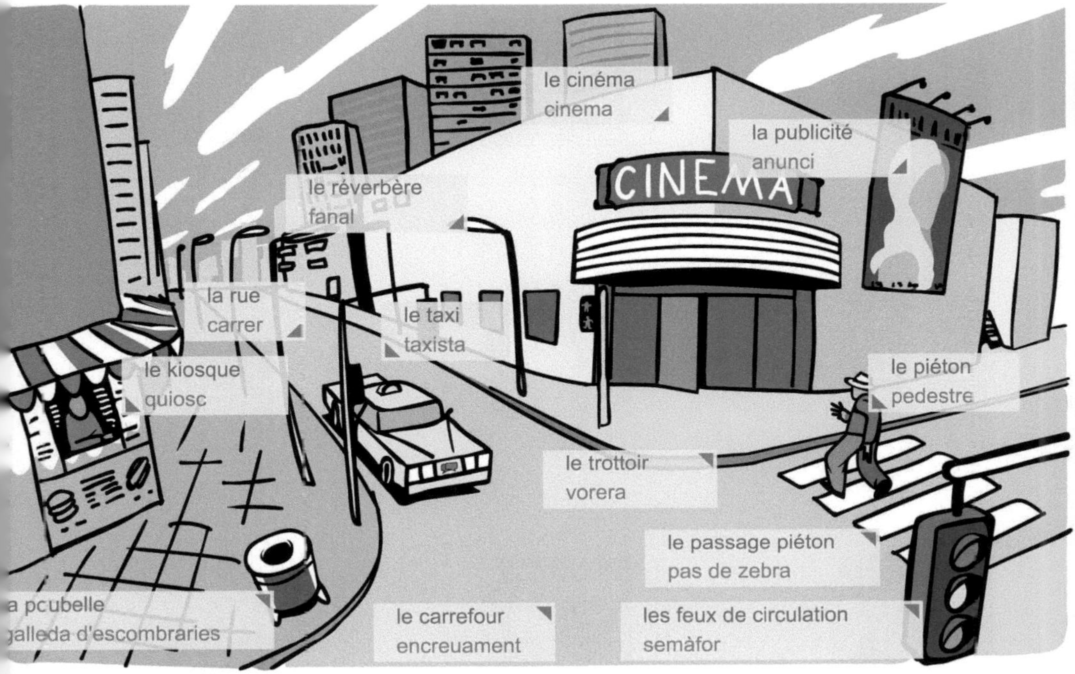

le cinéma
cinema

la publicité
anunci

le réverbère
fanal

CINEMA

la rue
carrer

le taxi
taxista

le piéton
pedestre

le kiosque
quiosc

le trottoir
vorera

le passage piéton
pas de zebra

la pcubelle
galleda d'escombraries

le carrefour
encreuament

les feux de circulation
semàfor

la cabane
cabana

l'appartement
apartament

la gare
estació de trens

la mairie
casa de la vila-ciutat

le musée
museu

l'école
escola

l'université

universitat

la banque

banca

l'hôpital

hospital

l'hôtel

hotel

la pharmacie

farmàcia

le bureau

oficina

la librairie

llibreria

le magasin

botiga

le fleuriste

floristeria

le supermarché

supermercat

le marché

mercat

le grand magasin

gran magatzem

la poissonnerie

peixateria

le centre commercial

centre comercial

le port

port

le parc

parc

la banque

banc

le pont

pont

les escaliers

escala

le métro

metro

le tunnel

túnel

l'arrêt de bus

parada d'autobús

le bar

bar

le restaurant

restaurant

la boîte à lettres

bústia de correu

le panneau indicateur

senyal indicador

le parcmètre

parquímetre

le zoo

zoo

le réverbère

piscina

la mosquée

mesquita

la ville - ciutat

la ferme
granja

la pollution
pol·lució

la cimetière
cementiri

l'église
església

l'aire de jeux
parc infantil

le temple
temple

le paysage
paisatge

la feuille
fulla

le panneau indicateur
cartell indicador

le chemin
camí

le pré
prat

la pierre
pedra

l'arbre
arbre

le randonneur
excursionista

la rivière
riu

l'herbe
gespa

la fleur
flor

la vallée

vall

la montagne

muntanya

le lac

llac

la forêt

bosc

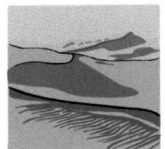

le désert

desert

le volcan

volcà

le château

castell

l'arc-en-ciel

arc de Sant Martí

le champignon

bolet

le palmier

palmera

le moustique

moscard

la mouche

mosca

les fourmis

formiga

l'abeille

abella

l'araignée

aranya

le coléoptère

escarabat

la grenouille

granota

l'écureuil

esquirol

le hérisson

eriçó

le lièvre

llebre

la chouette

òliba

l'oiseau

ocell

le cygne

cigne

le sanglier

senglar

le cerf

cervo

l'élan

ant

le barrage

presa

l'éolienne

turbina

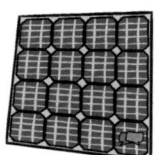

le panneau solaire

panell solar

le climat

clima

le restaurant
restaurant

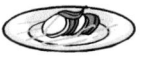

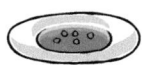

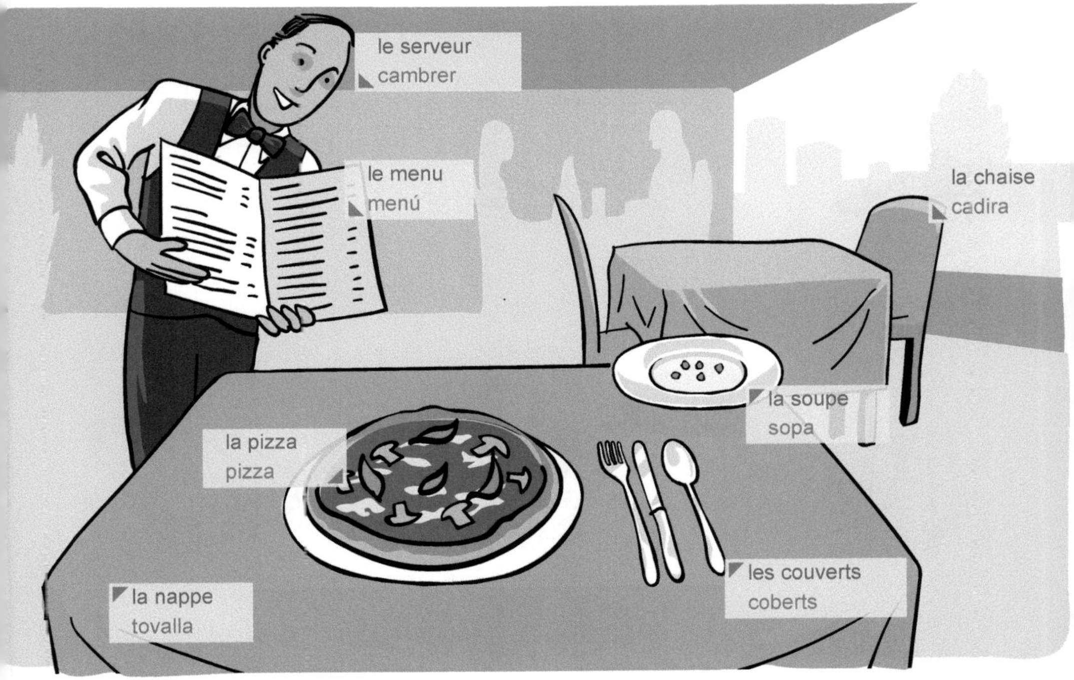

le serveur
cambrer
le menu
menú
la chaise
cadira
la soupe
sopa
la pizza
pizza
les couverts
coberts
la nappe
tovalla

les hors d'œuvre

primer plat

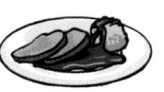

le plat principal

plat principal

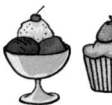

le dessert

darreries

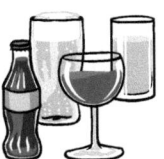

les boissons

begudes

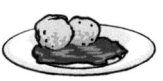

l'alimentation

menjar

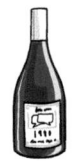

la bouteille

ampolla

le fast-food

menjar ràpid

les plats à emporter

menjar de carrer

la théière

tetera

le sucrier

sucrer

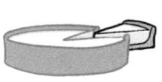

la portion

porció

la machine à expresso

màquina d'espresso

la chaise haute

trona

la facture

factura

le plateau

plata

le couteau

ganivet

la fourchette

forqueta

la cuillère

cullera

la cuillère à thé

cullereta

la serviette

tovalló

le verre

got

l'assiette
plat

l'assiette à soupe
plat de sopa

la soucoupe
plateret

la sauce
salsa

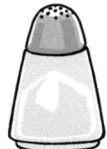

la salière
saler

le moulin à poivre
molinet de pebre

le vinaigre
vinagre

l'huile
oli

les épices
espècies

le ketchup
quètxup

la moutarde
mostassa

la mayonnaise
maionesa

le supermarché
supermercat

l'offre promotionnelle
oferta especial
FOR
le client
client
les produits laitiers
productes lactis
les fruits
fruites
le chariot
carret de la compra

BUTCHERS

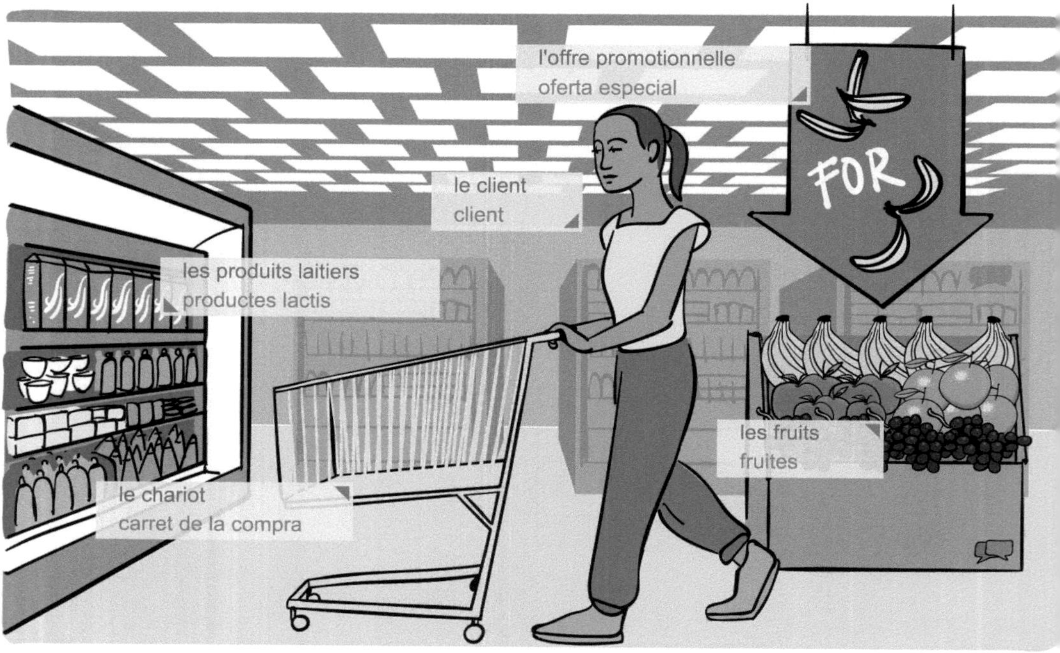

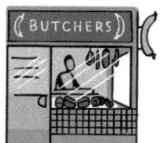

la boucherie

carnisseria

BAKERY

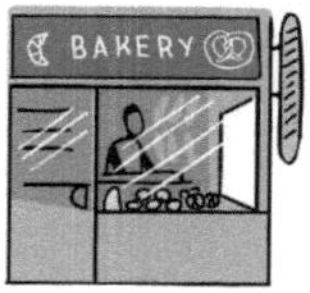

la boulangerie

forn de pa

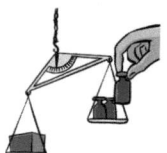

peser

pesar

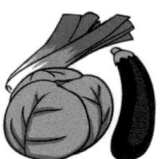

les légumes

verdures

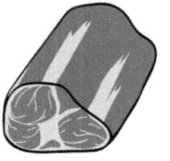

la viande

carn

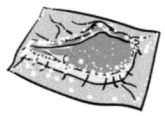

les aliments surgelés

menjar congelat

la charcuterie

carn freda

les conserves

conserves

la poudre à lessive

detergent en pols

les bonbons

dolços

les articles ménagers

articles domèstics

les détergents

productes de neteja

la vendeuse

venedora

la caisse

caixa registradora

le caissier

caixera

la liste d'achats

llista de la compra

les heures d'ouverture

horari d'obertura

le portefeuille

portamonedes

la carte de crédit

carta de crèdit

le sac

bossa

le sac en plastique

bossa de plàstic

les boissons
begudes

l'eau

aigua

le jus de fruit

suc

le lait

llet

le coca

coca-cola

le vin

vi

la bière

cervesa

l'alcool

alcohol

le chocolat chaud

cacau

le thé

te

le café

cafè

l'expresso

espresso

le cappuccino

cappuccino

la banane

banana

la pomme

poma

l'orange

taronja

le melon

síndria

le citron.

llimona

la carotte

pastanaga

l'ail

all

le bambou

bambú

l'oignon

ceba

le champignon

bolet

les noisettes

avellanes

les pâtes

fideus

les spaghetti

espaguetis

le riz

arròs

la salade

amanida

les pommes frites

patates fregides

les pommes de terre rôties

patates fregides

la pizza

pizza

le hamburger

hamburguesa

le sandwich

entrepà

l'escalope

escalopa

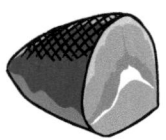

le jambon

cuixot

le salami

salami

la saucisse

salsitxa

le poulet

pollastre

le rôti

rostit

le poisson

peix

les flocons d'avoine

flocs de civada

le muesli

musli

les cornflakes

cereals

la farine

farina

le croissant

croissant

les petits-pains

panet

le pain

pa

le pain grillé

torrada

les biscuits

bescuits

le beurre

mantega

le fromage blanc

mató

le gâteau

pastís

l'œuf

ou

l'œuf au plat

ou fregit

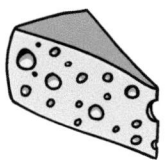

le fromage

formatge

la glace

gelat

le sucre

sucre

le miel

mel

la confiture

melmelada

la crème nougat

crema de xocolata

le curry

curri

la ferme
granja

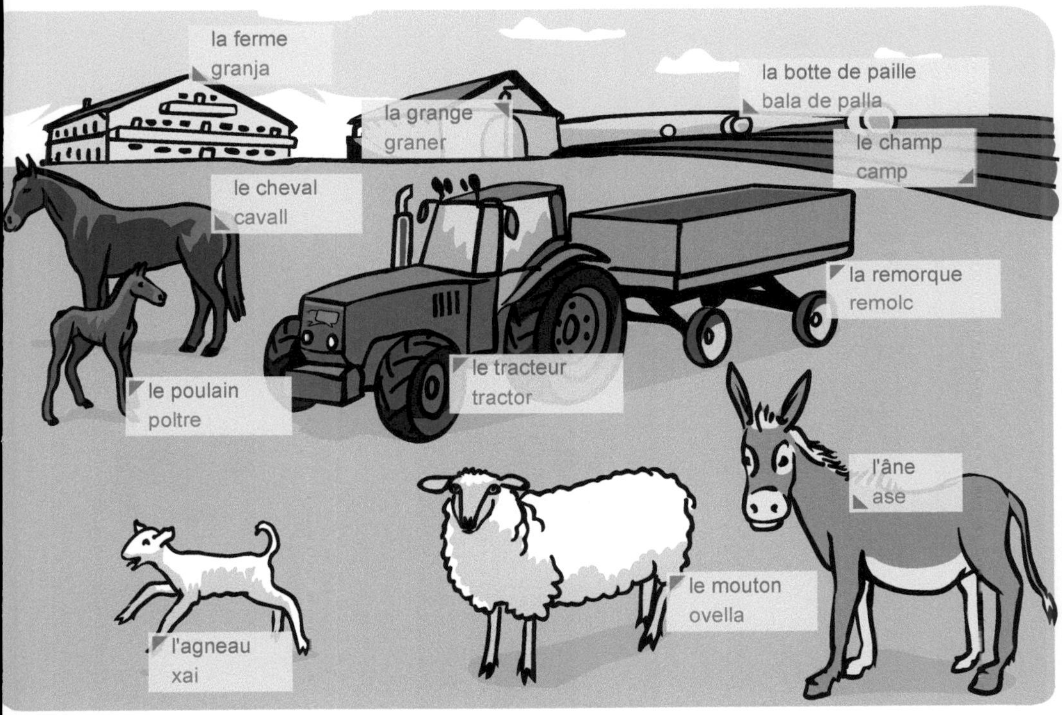
la ferme
granja
la grange
graner
la botte de paille
bala de palla
le champ
camp
le cheval
cavall
la remorque
remolc
le tracteur
tractor
le poulain
poltre
l'âne
ase
le mouton
ovella
l'agneau
xai

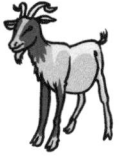

la chèvre
....
cabra

la vache
....
vaca

le veau
....
vedella

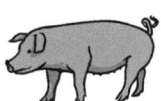

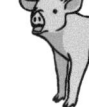

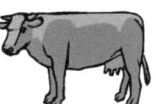

le porc
....
porc

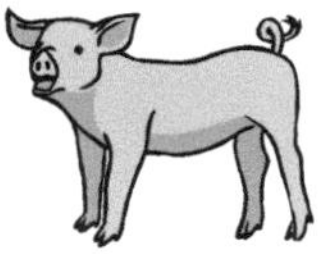

le porcelet
....
garrí

le taureau
....
bou

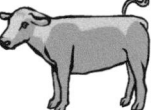

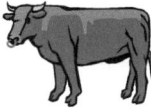

l'oie

oca

le canard

ànec

le poussin

poll

la poule

gall

le coq

gallina

le rat

rata

le chat

gat

la souris

ratolí

le bœuf

bou

le chien

gos

le chenil

gossera

le tuyau de jardin

mànega de regar

l'arrosoir

regadora

la faucheuse

dalla

la charrue

arada

la faucille

falç

la pioche

aixada

la fourche

forca

la hache

destral

la brouette

carretó

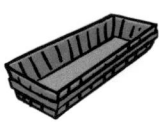

la cuve

abeurador

le pot à lait

lletera

le sac

sac

la clôture

tanca

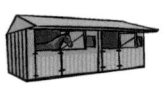

l'étable

establa

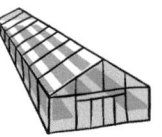

le serre

hivernacle

le sol

sòl

les semences

llavor

l'engrais

adob

la moissonneuse-batteuse

collidora

récolter

collir

la récolte

collita

l'igname

nyam

le blé

blat

le soja

soja

la pomme de terre

patata

le maïs

blat de moro o d'indi

le colza

colza

l'arbre fruitier

arbre fruiter

le manioc

mandioca

les céréales

cereals

la maison

casa

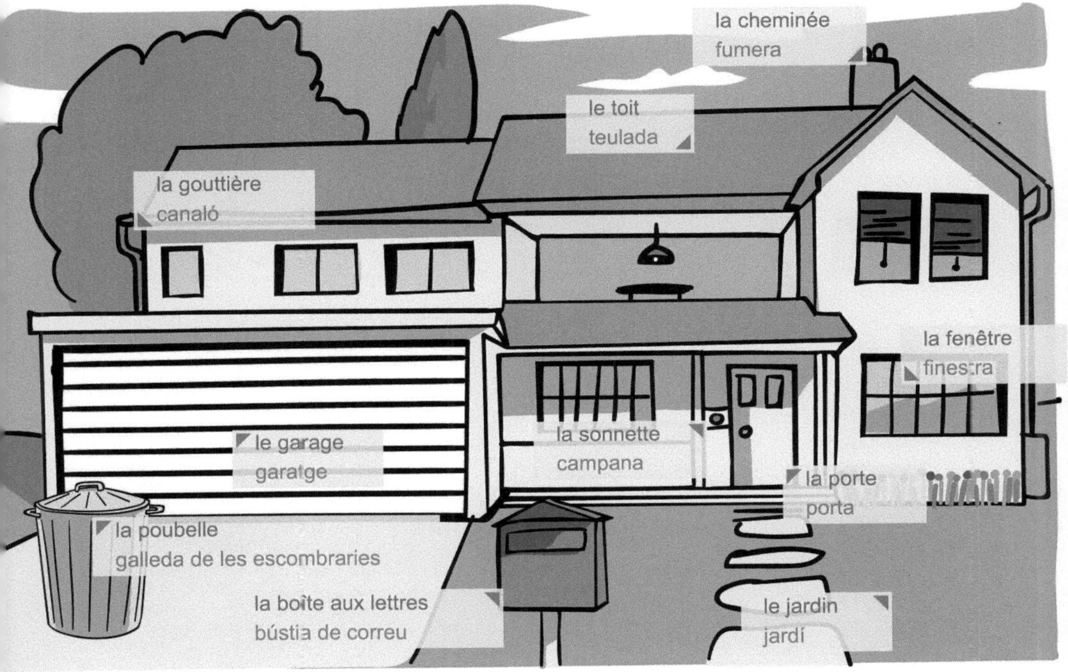

la cheminée
fumera
le toit
teulada
la gouttière
canaló
la fenêtre
finestra
le garage
garatge
la sonnette
campana
la porte
porta
la poubelle
galleda de les escombraries
la boîte aux lettres
bústia de correu
le jardin
jardí

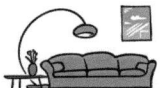

le salon

sala d'estar

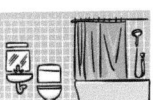

la salle de bain

bany

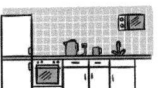

la cuisine

cuina

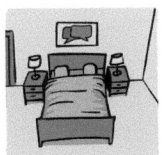

la chambre à coucher

cambra de dormir

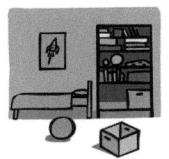

la chambre d'enfant

cambra de nen

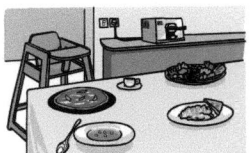

la salle à manger

menjador

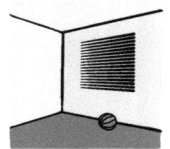

le sol

sòl

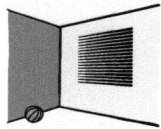

le mur

paret

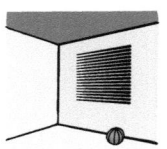

le plafond

sostre

la cave

soterrani

le sauna

sauna

le balcon

balcó

la terrasse

terrassa

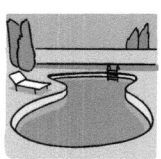

la piscine

piscina

la tondeuse à gazon

tallagespa

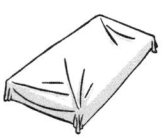

la housse

vànova

la couette

cobrellit

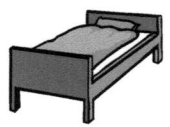

le lit

llit

le balai

escombra

le sceau

galleda

l'interrupteur

interruptor

la maison - casa

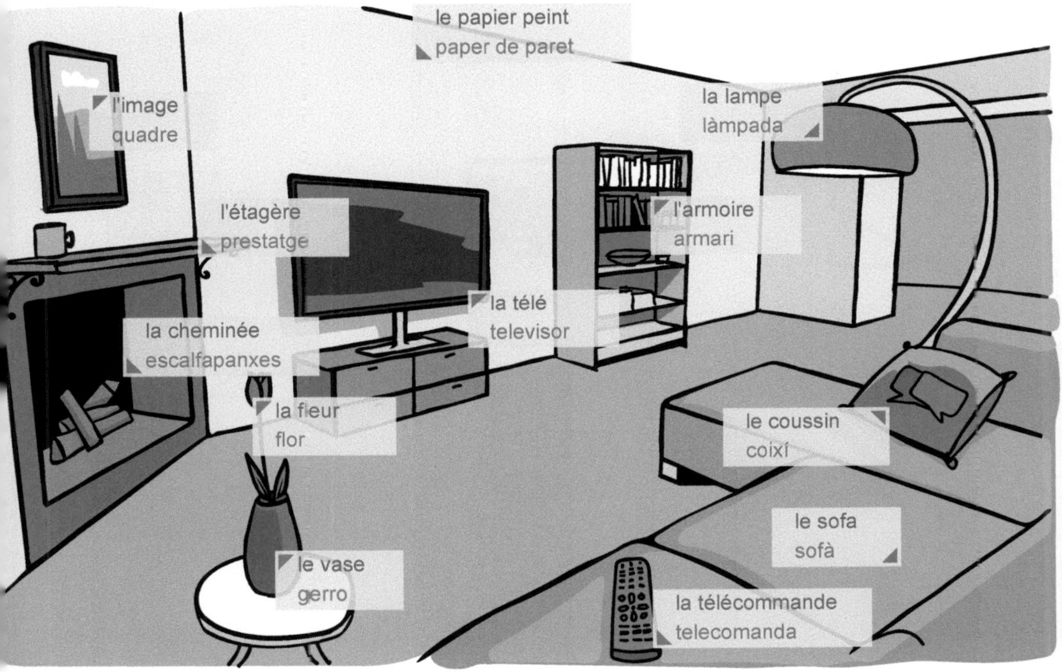

le papier peint
paper de paret

l'image
quadre

la lampe
làmpada

l'étagère
prestatge

l'armoire
armari

la télé
televisor

la cheminée
escalfapanxes

la fleur
flor

le coussin
coixí

le sofa
sofà

le vase
gerro

la télécommande
telecomanda

le tapis
catifa

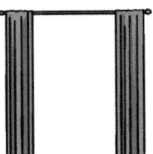

le rideau
cortina

la table
taula

la chaise
cadira

la chaise à bascule
cadira gronxadora

le fauteuil
cadiral

le livre

llibre

la couverture

llençol

la décoration

decoració

le bois de chauffage

llenya

le film

film

la chaîne hi-fi

cadena de música

la clé

clau

le journal

diari

la peinture

pintura

le poster

cartell

la radio

ràdio

le bloc-notes

bloc de notes

l'aspirateur

aspiradora

le cactus

cactus

la bougie

candela

la cuisine
cuina

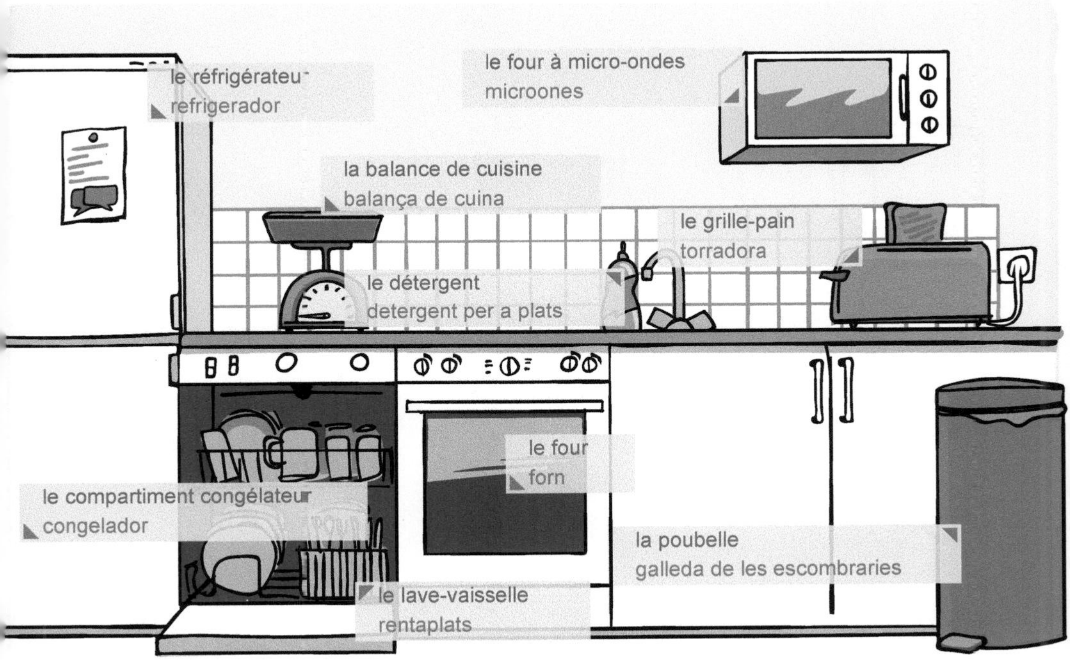
le réfrigérateur
refrigerador
le four à micro-ondes
microones
la balance de cuisine
balança de cuina
le grille-pain
torradora
le détergent
detergent per a plats
le four
forn
le compartiment congélateur
congelador
la poubelle
galleda de les escombraries
le lave-vaisselle
rentaplats

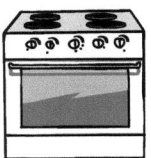

le four

cuina de fogons

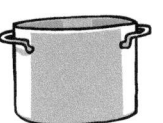

la casserole

olla

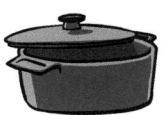

la marmite

olla de ferro colat

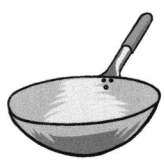

le wok / kadai

wok / karahi

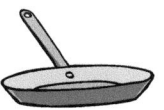

la poêle

paella

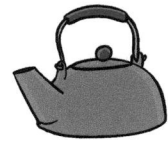

la bouilloire electrique

bullidor

le cuiseur vapeur

olla de vapor

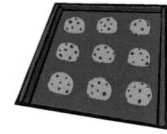

la plaque de cuisson

plata de forn

la vaisselle

vaixella

le gobelet

tassa grossa

la coupe

bol

les baguettes

bastonets xinesos

la louche

culler

la spatule

espàtula

le fouet

batedor

la passoire

colador

le tamis

sedàs

la râpe

ratllador

le mortier

morter

le barbecue

barbacoa

la cheminée

foc a terra

la planche à découper

taula de tallar

le rouleau à pâtisserie

corró

le tire-bouchon

llevataps

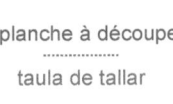

la boîte

pot de conserva

l'ouvre-boîte

obridor

les maniques

agafador

le lavabo

aigüera

la brosse

raspall

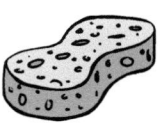

l'éponge

esponja

le mixeur

batedora

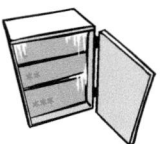

le congélateur

congelador

le biberon

biberó

le robinet

aixeta

la salle de bain

bany

le chauffage
calefacció
la douche
dutxa
la serviette
tovallola
le rideau de douche
cortina de dutxa
le bain moussant
bany de bombollles
la baignoire
banyera
le verre
got
la machine à laver
rentadora
le robinet
aixeta
le carrelage
rajoles
le pot
orinal
le lavabo
aigüera

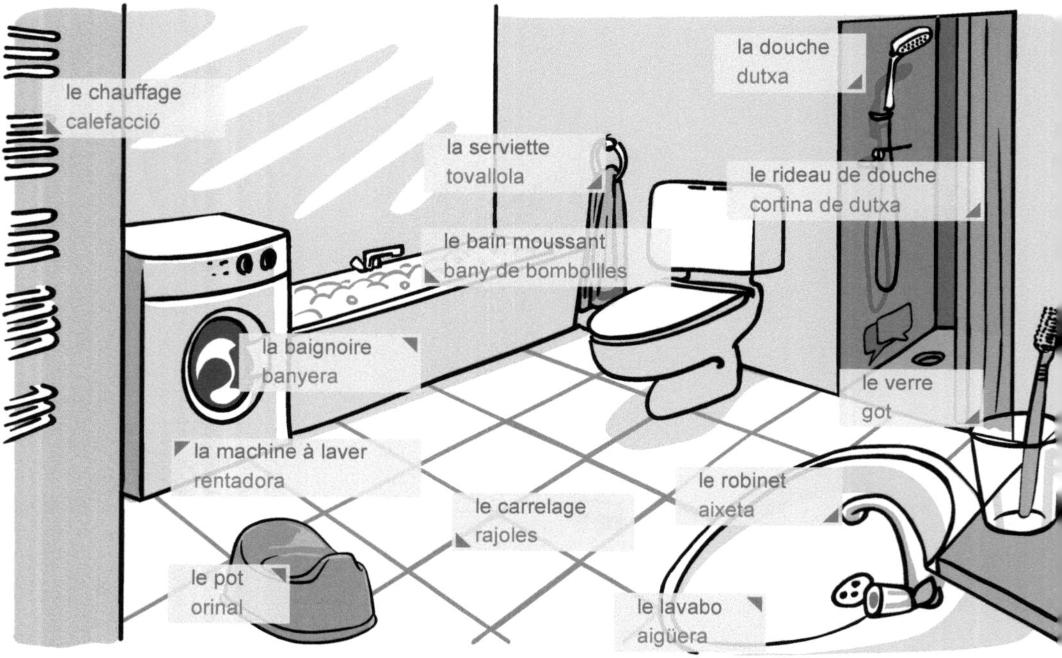

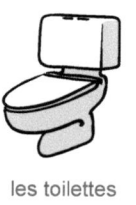

les toilettes

lavabo

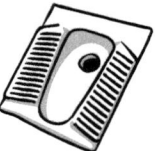

la toilette à la turque

lavabo turc

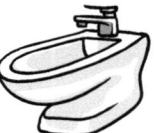

le bidet

bidet

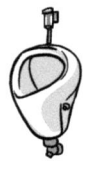

l'urinoir

orinador

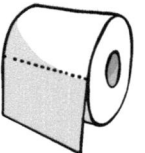

le papier toilette

paper higiènic

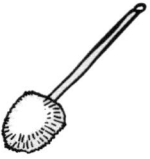

la brosse à toilette

escombreta de sanitari

la brosse à dents

raspall de dents

le dentifrice

pasta de dents

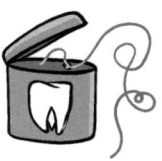

le fil dentaire

fil dental

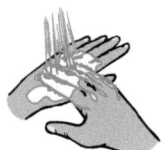

laver

rentar

la douche manuelle

pom de dutxa

la douche intime

dutxa íntima

la vasque

rentamans

la brosse dorsale

raspall per a l'esquena

le savon

sabó

le gel douche

gel de dutxa

le shampooing

xampú

le gant de toilette

manyopla de bany

l'écoulement

bonera

la crème

crema

le déodorant

desodorant

le miroir

mirall

le miroir cosmétique

mirall-espill de mà

le rasoir

maquineta de rasar

la mousse à raser

espuma de barbejar

l'après-rasage

loció post-rasada

la peigne

pinta

la brosse

raspall

le sèche-cheveux

eixugador

la laque pour cheveux

laca

le fond de teint

maquillatge

le rouge à lèvres

pintallavis

le vernis à ongles

esmalt d'ungles

l'ouate

cotó

le coupe-ongles

tallaungles

le parfum

perfum

la trousse de toilette

estoig de bellesa

le tabouret

tamboret

le pèse-personne

bàscula

le peignoir

barnús

les gants de nettoyage

guants de goma

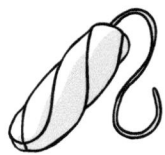

le tampon

compresa higiènica

les serviettes hygiéniques

compresa

la toilette chimique

sanitari químic

la chambre d'enfant
cambra de nen

le réveil
despertador
le doudou
animal de peluix
la voiture jouet
auto de joguina
le hochet
sonall
la maison de poupée
casa de nines
le cadeau
present

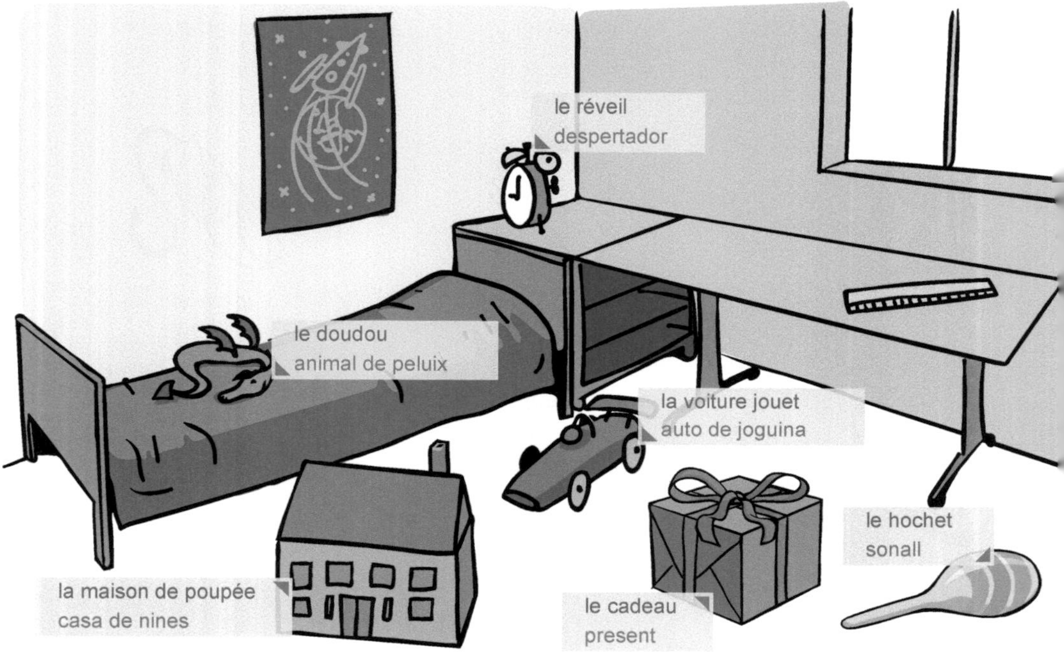

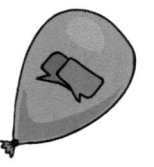

le ballon

baló

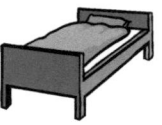

le lit

llit

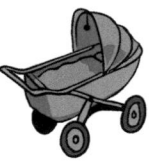

la poussette

cotxet per a nens

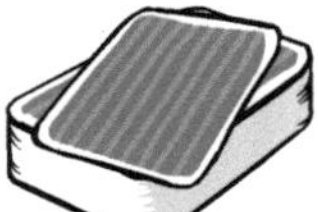

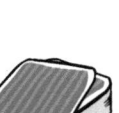

le jeu de cartes

joc de cartes

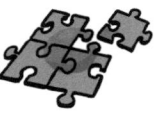

le puzzle

trencaclosca

SUPER
MEGA

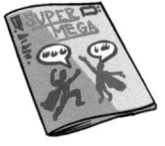

la bande dessinée

historieta

les pièces lego

peces de lego

les blocs de construction

peces de construcció

la figurine

ninot d'acció

la grenouillère

granota

le frisbee

frisbee

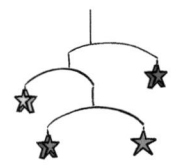

le mobile

mòbil per a bressol

le jeu de société

joc de taula

le dé

daus

le train miniature

tren elèctric

la sucette

xumet

la fête

festa

le livre d'images

llibre de dibuixos

la balle

pilota

la poupée

nina

jouer

jugar

le bac à sable

sorrera

la balançoire

gronxador

les jouets

joguines

la console de jeu

consola de jocs de vídeo

le tricycle

tricicle

l'ours en peluche

osset de peluix

l'armoire

armari

les vêtements

roba

les chaussettes

mitjons

les bas

mitges

le collant

mitja pantaló

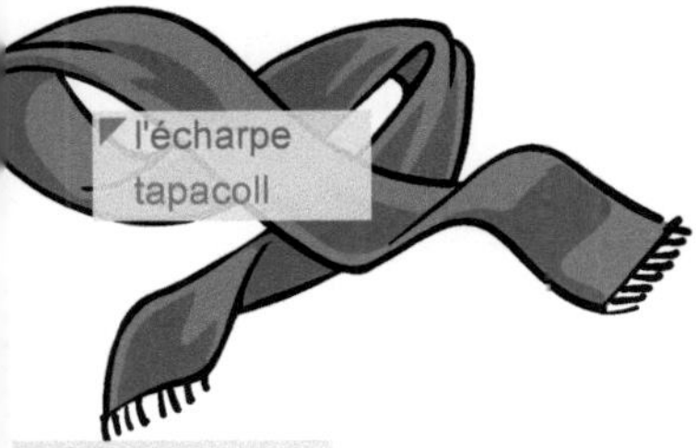

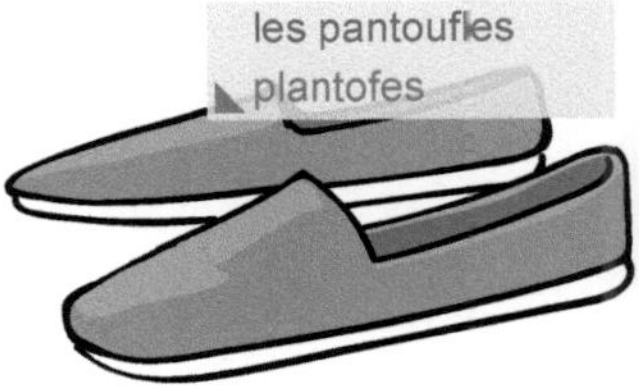

l'écharpe
tapacoll

le parapluie
paraigua

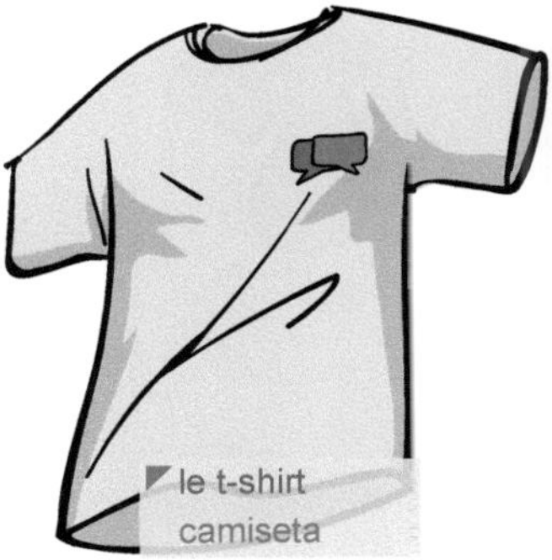

le t-shirt
camiseta

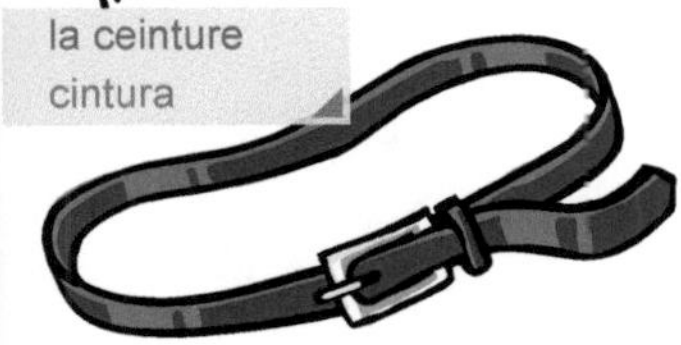

la ceinture
cintura

les bottes
botes

les pantoufles
plantofes

les baskets
sabates d'esport

les sandales
sandàlies

les chaussures
sabates

les bottes de caoutchouc
botes de goma

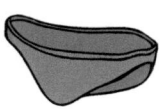

les sous-vêtements
calçonets

le soutien-gorge
sostenidor

le maillot de corps
guardapits

les vêtements - roba

le body

jjustacòs

le pantalon

pantalons

le jean

jeans

la jupe

faldeta

le chemisier

brusa

la chemise

camisa

le pull

jersei

le sweat à capuche

dessuadora

la veste

blazer

la veste

jaqueta

le manteau

mantell

l'imperméable

impermeable

le costume

vestit de dona

la robe

vestit de dona

la robe de mariée

vestit de núvia

le costume

vestit d'home

la chemise de nuit

camisa de dormir

le pyjama

pijama

le sari

sari

le foulard

mocador de cap

le turban

turbant

la burqa

burca

le caftan

caftan

l'abaya

abaia

le maillot de bain

vestit de bany

le maillot de bain

calçon(et)s de bany

le short

pantalons curts

la tenue d'entraînement

xandall

le tablier

davantal

les gants

guants

les vêtements - roba

le bouton

botó

les lunettes

ulleres

le bracelet

braçalet

le collier

collaret

la bague

anell

la boucle d'oreille

orellera

le bonnet

casquet

le cintre

penjador

le chapeau

capell

la cravate

corbata

la fermeture éclair

cremallera

le casque

casc

les bretelles

elàstics

l'uniforme scolaire

uniforme escolar

l'uniforme

uniforme

les vêtements - roba

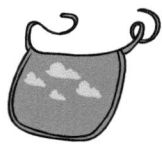

le bavoir

pitet

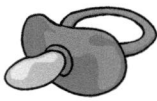

la sucette

xumet

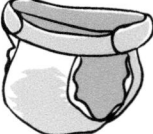

la lange

bolquer

le bureau

oficina

le serveur
servidor
l'armoire d'archivage
armari arxivador
l'imprimante
impressora
l'écran
monitor
le papier
paper
la souris
ratolí
le bureau
escriptori
le classeur
arxivador
le clavier
teclat
la chaise
cadira
la corbeille à papier
paperera
l'ordinateur
ordinador

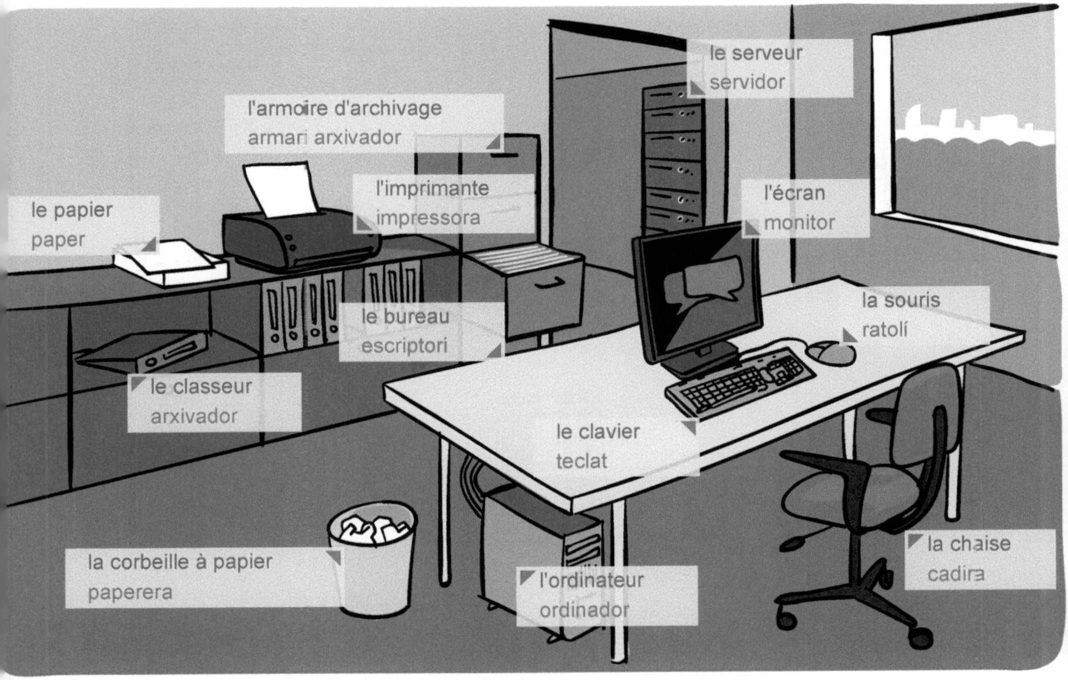

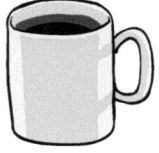

la tasse de café

tassa de cafè

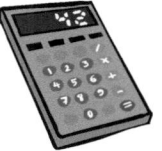

la calculatrice

calculadora

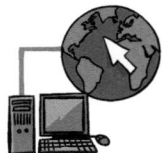

l'internet

Internet

l'ordinateur portable

ordinador portàtil

la lettre

lletra

le message

missatge

le portable

mòbil

le réseau

xarxa

la photocopieuse

fotocopiadora

le logiciel

programari

le téléphone

telèfon

la prise

presa de corrent

le fax

fax

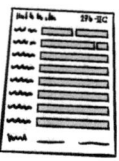

le formulaire

formulari

le document

document

acheter

comprar

payer

pagar

faire du commerce

comerciar

la monnaie

diners

le dollar

dòlar

l'euro

euro

le yen

ien

le rouble

ruble

le franc suisse

franc suís

le renminbi yuan

renminbi

la roupie

rupia

le distributeur automatique

caixa automàtica

le bureau de change

oficina de canvi

l'or

or

l'argent

argent

le pétrole

petroli

l'énergie

energia

le prix

preu

le contrat

contracte

la taxe

impost

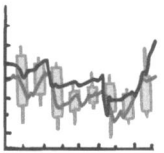

l'action

acció

travailler

treballar

l'employé

treballador

l'employeur

empresari

l'usine

fàbrica

le magasin

botiga

les professions
oficis

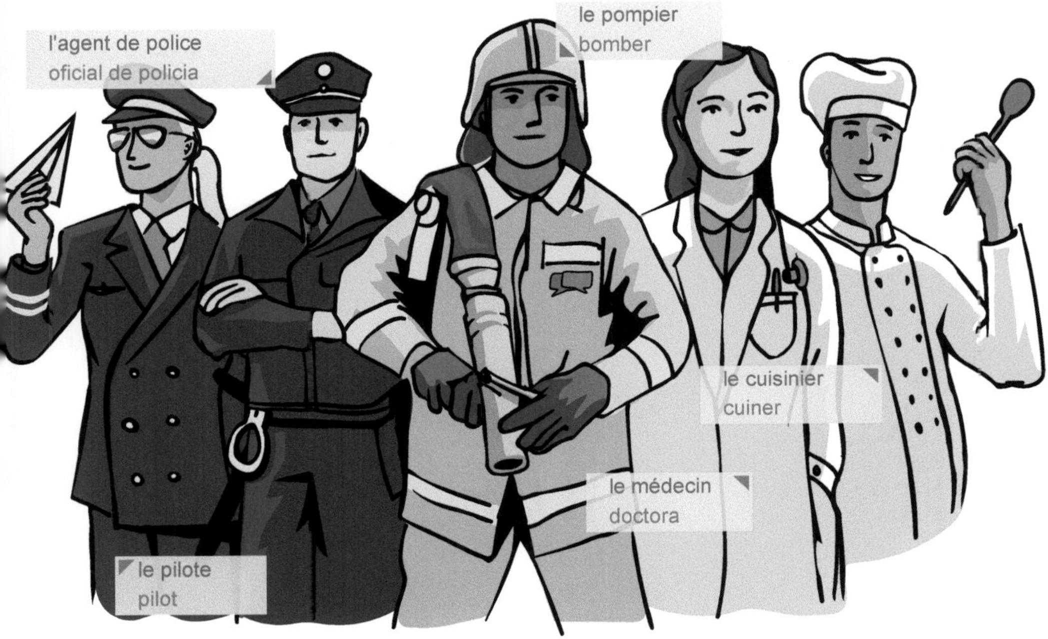

l'agent de police
oficial de policia
le pompier
bomber
le cuisinier
cuiner
le médecin
doctora
le pilote
pilot

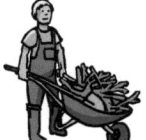

le jardinier

jardiner

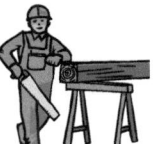

le menuisier

fuster

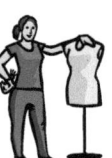

la couturière

costurera

le juge

jutge

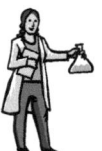

le chimiste

química

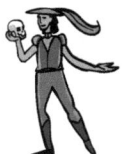

l'acteur

actor

le conducteur de bus

conductor d'autobús

le chauffeur de taxi

taxista

le pêcheur

pescador

la femme de ménage

dona de la neteja

le couvreur

ensostrador

le serveur

cambrer

le chasseur

caçador

le peintre

pintor

le boulanger

forner

l'électricien

electricista

l'ouvrier

obrer de la construcció

l'ingénieur

enginyer

le boucher

carnisser

le plombier

llanterner

le facteur

correu

le soldat

soldat

l'architecte

arquitecte

le caissier

caixera

le fleuriste

florista

le coiffeur

perruquer

le contrôleur

revisor

le mécanicien

mecànic

le capitaine

capità

le dentiste

dentista

le scientifique

científic

le rabbin

rabí

l'imam

imam

le moine

monjo

le prêtre

capellà

les outils
eines

les pinces
tenalles
le marteau
martell
le tournevis
descaragolador
la torche
llanterna
la clé
clau anglesa

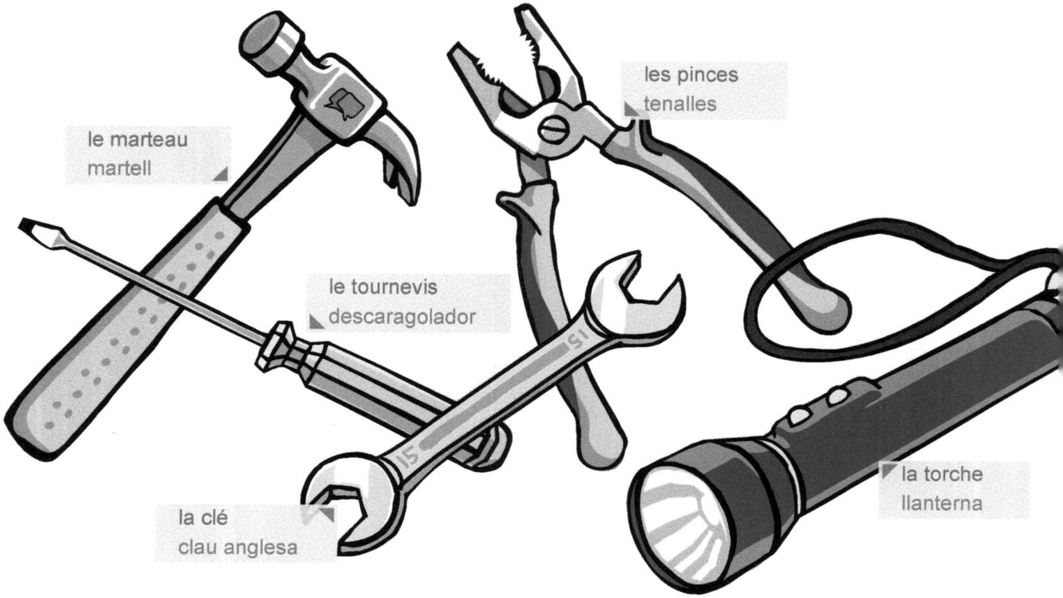

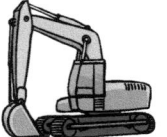

la pelleteuse

excavadora

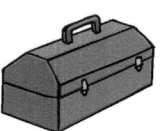

la boîte à outils

caixa d'eines

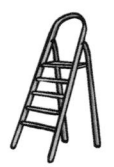

l'échelle

escala

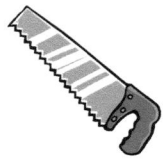

la scie

serra

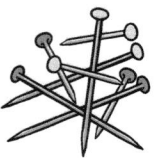

les clous

claus

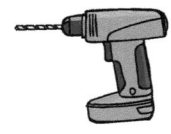

la perceuse

trepant

réparer

reparar

la pelle

pala

Mince !

Maleït siga!

la pelle

pala

le pot de peinture

pot de pintura

les vis

caragols

les instruments de musique

instrument de música

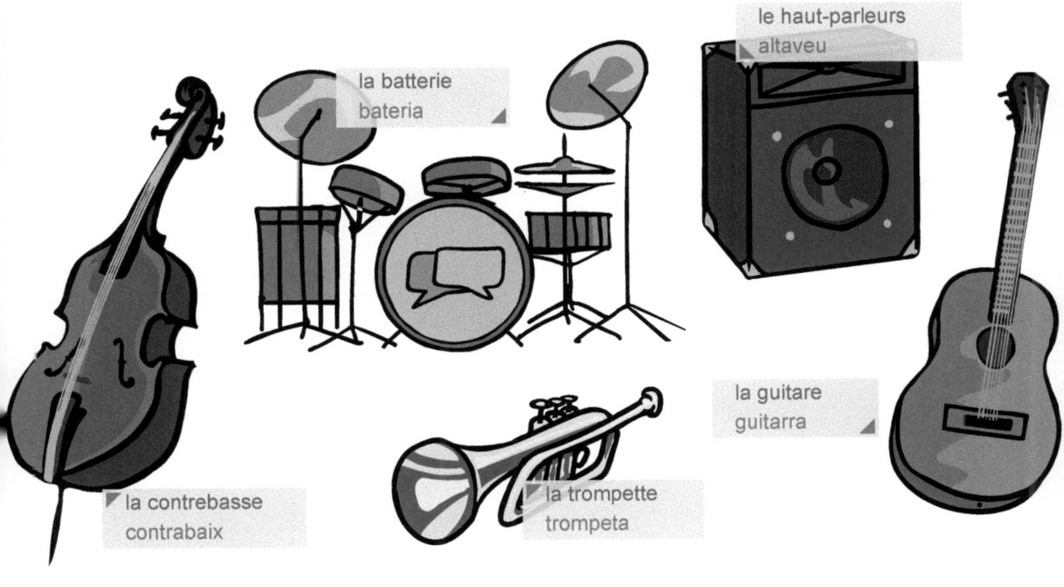

la batterie
bateria

le haut-parleurs
altaveu

la guitare
guitarra

la contrebasse
contrabaix

la trompette
trompeta

le piano

piano

le violon

violí

la basse

baix

les timbales

timbal

le tambour

tambor

le piano électrique

teclat

le saxophone

saxofon

la flûte

flauta

le microphone

micròfon

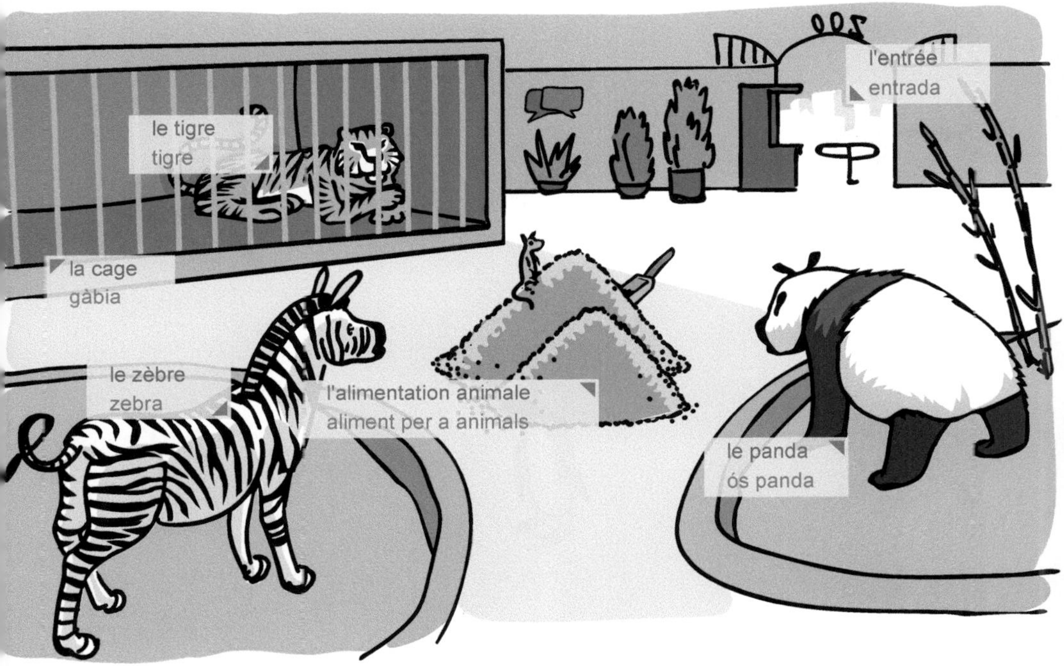

l'entrée
entrada

le tigre
tigre

la cage
gàbia

le zèbre
zebra

l'alimentation animale
aliment per a animals

le panda
ós panda

les animaux

animals

l'éléphant

elefant

le kangourou

cangurú

le rhinocéros

rinoceront

le gorille

goril·la

l'ours

ós

le chameau

camell

l'autruche

estruç

le lion

lleó

le singe

simi

le flamand rose

flamenc

le perroquet

papagai

l'ours polaire

ós polar

le pingouin

pingüí

le requin

ca mari

le paon

paó

le serpent

serp

le crocodile

cocodril

le gardien de zoo

guardià del zoo

le phoque

foca

le jaguar

jaguar

le poney

poni

le léopard

lleopard

l'hippopotame

hipopòtam

la girafe

girafa

l'aigle

àliga

le sanglier

senglar

le poisson

peix

la tortue

tortuga

le morse

morsa

le renard

guineu

la gazelle

gasela

l'american Football
futbol americà

le cyclisme
ciclisme

le tennis
tenis

le basket-ball
bàsquet

la natation
natació

la boxe
boxa

le hockey sur glace
hoquei sobre gel

le football
futbol americà

le badminton
bàdminton

l'athlétisme
atletisme

le handball
handbol

le ski
esquí

le polo
polo

les activités
activitats

rire
riure
sauter
saltar
embrasser
abraçar
marcher
anar
chanter
cantar
rêver
somiar
prier
pregar
faire la bise
fer un petó

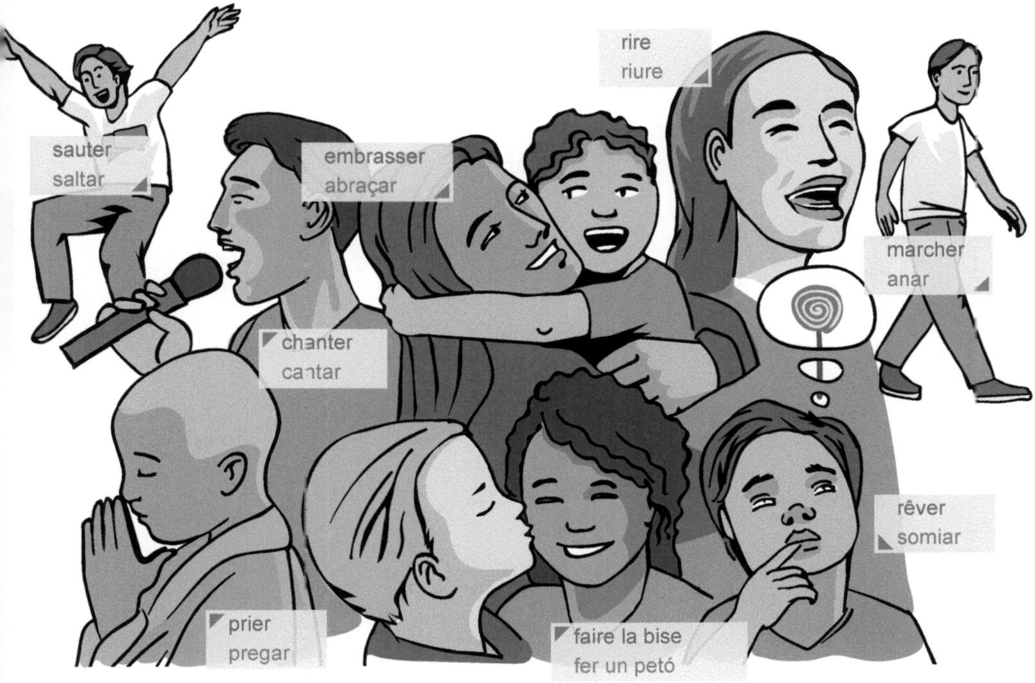

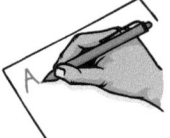

écrire

escriure

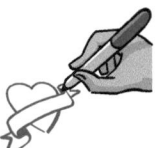

dessiner

dibuixar

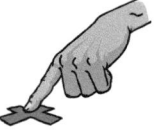

montrer

mostrar

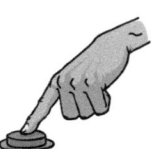

pousser

pitjar

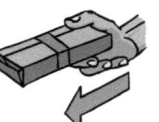

donner

donar

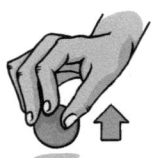

prendre

prendre

avoir

tenir

faire

fer

être

ésser

être debout

estar dret

courir

córrer

trier

estirar

jeter

llançar

tomber

caure

être couché

jeure

attendre

esperar

porter

portar

être assis

asseure's

s'habiller

vestir-se

dormir

dormir

se réveiller

despertar-se

regarder

mirar

pleurer

plorar

caresser

amoixar

peigner

pentinar

parler

parlar

comprendre

comprendre

demander

demanar

écouter

escoltar

boire

beure

manger

menjar

ranger

endreçar

aimer

estimar

cuire

cuinar

conduire

conduir

voler

volar

les activités - activitats

faire de la voile

navegar

calculer

calcular

lire

llegir

apprendre

aprendre

travailler

treballar

se marier

casar-se

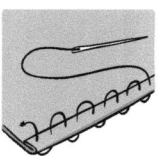

coudre

cosir

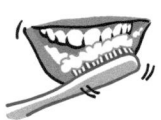

brosser les dents

raspallar-se les dents

tuer

matar

fumer

fumar

envoyer

enviar

la grand-mère
àvia

le grand-père
avi

le père
pare

la mère
mare

le bébé
nadó

la fille
filla

le fils
fill

l'hôte
convidat

la tante
tia

l'oncle
oncle

le frère
germà

la sœur
germana

le corps

cos

le front
front
l'œil
ull
l'épaule
espatlla
le doigt
dit
le visage
cara
le menton
barbeta
la main
mà
la jambe
cama
la poitrine
pit
le bras
braç

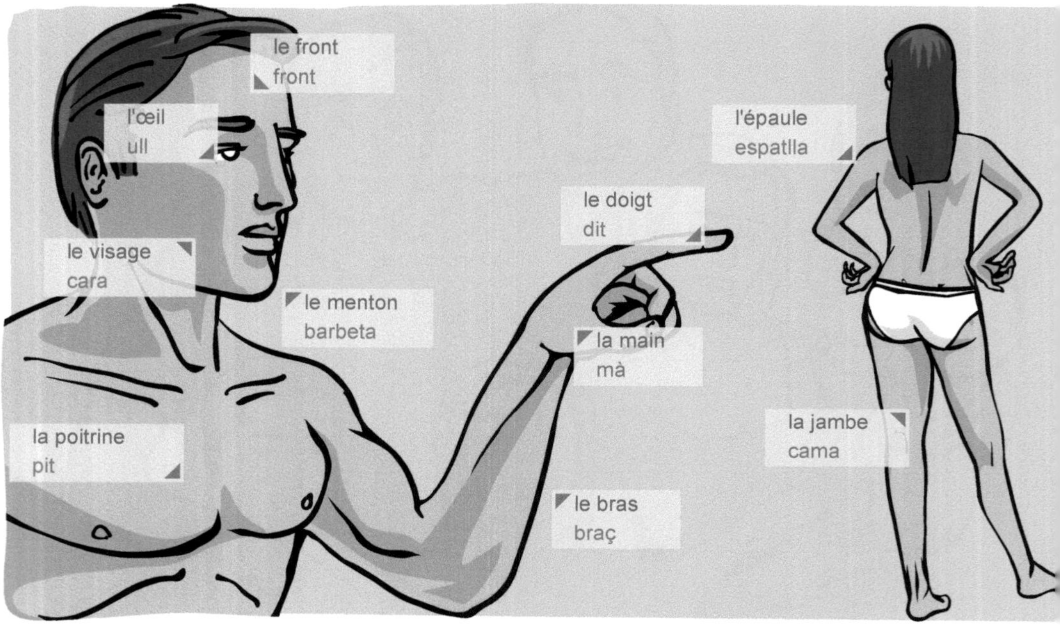

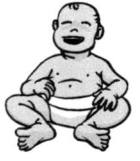

le bébé
nadó

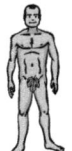

l'homme
home

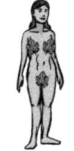

la femme
dona

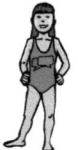

la fille
noia

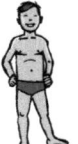

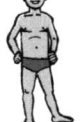

le garçon
noi

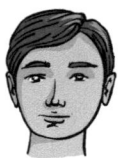

la tête
cap

le dos

esquena

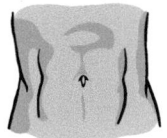

le ventre

panxa

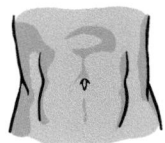

le nombril

melic

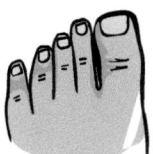

l'orteil

dit gros del peu

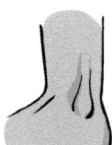

le talon

taló

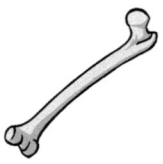

l'os

os

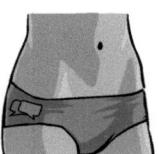

la hanche

maluc

le genou

genoll

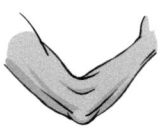

le coude

colze

le nez

nas

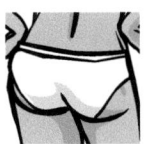

les fesses

cul

la peau

pell

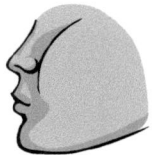

la joue

galta

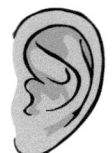

l'oreille

orella

la lèvre

llavi

la bouche

boca

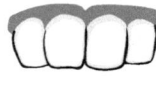

la dent

dent

la langue

llengua

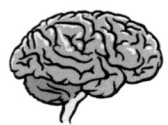

le cerveau

cervell

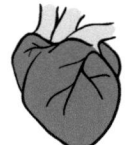

le cœur

cor

le muscle

múscul

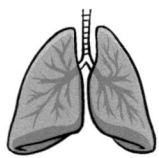

les poumons

pulmó

le foie

fetge

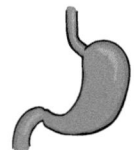

l'estomac

estómac

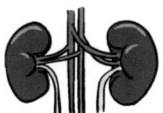

les reins

ronyó

le rapport sexuel

relació sexual

le préservatif

preservatiu

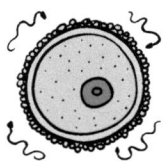

l'ovule

ovari

le sperme

semen

la grossesse

prenyat

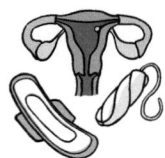

la menstruation

menstruació

le vagin

vagina

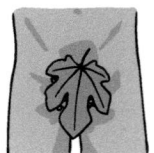

le pénis

penis

le sourcil

cella

les cheveux

cabells

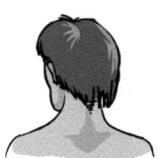

le cou

coll

l'hôpital
hospital

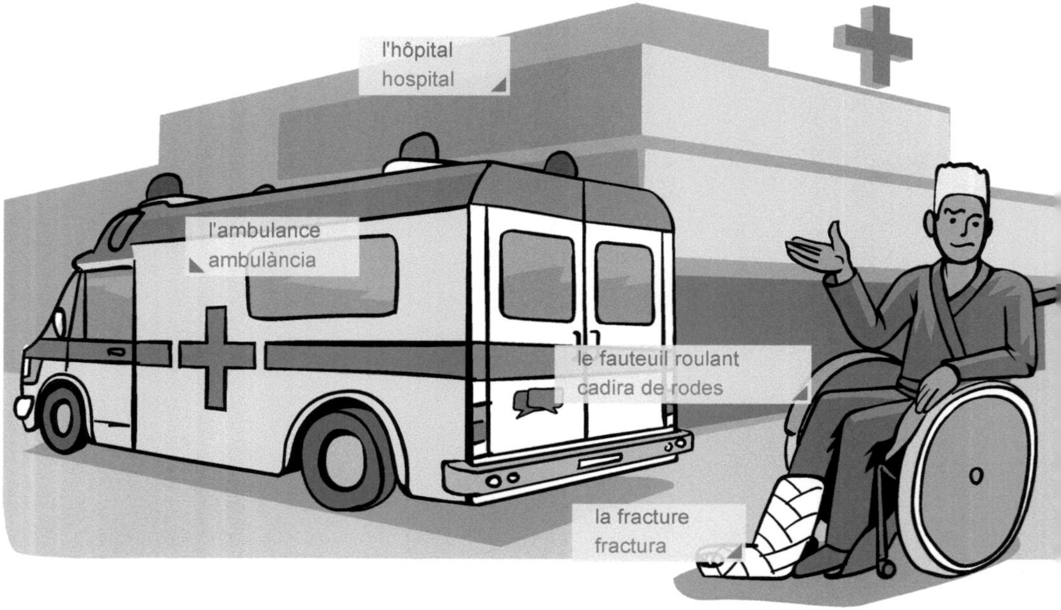

l'hôpital
hospital
l'ambulance
ambulància
le fauteuil roulant
cadira de rodes
la fracture
fractura

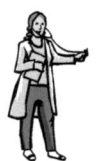

le médecin

doctora

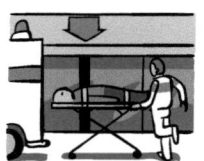

le service des urgences

sala d'urgències

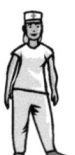

l'infirmière

infermera

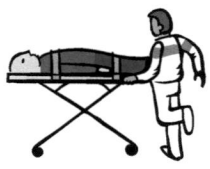

l'urgence

urgència

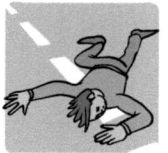

inconscient

inconscient

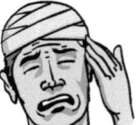

la douleur

dolor

la blessure

ferida

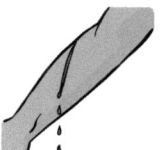

l'hémorragie

sagnament

la crise cardiaque

atac de cor

l'attaque cérébrale

apoplexia

l'allergie

al·lèrgia

la toux

tos

la fièvre

febre

la grippe

gripa

la diarrhée

diarrea

le mal de tête

mal de cap

le cancer

càncer

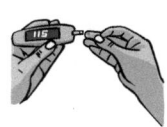

le diabète

diabetis

le chirurgien

cirurgià

le scalpel

escalpel

l'opération

operació

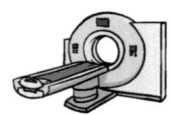

le CT

tomografia computada (TC),
TAC

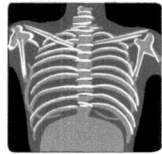

la radiographie

raigs x

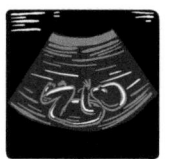

l'échographie

ultrasò

le masque

mascareta

la maladie

malaltia

la salle d'attente

sala d'espera

la béquille

crossa

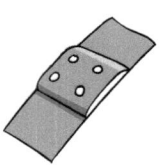

le pansement

tireta

le pansement

embenat

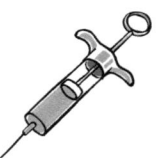

l'injection

injecció

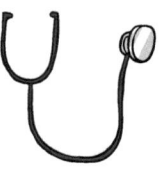

le stéthoscope

estetoscopi

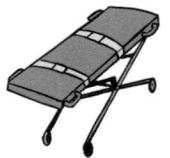

le brancard

llitera

le thermomètre

termòmetre clínic

l'accouchement

pariment

la surcharge pondérale

sobrepès

l'appareil auditif

aparell auditiu

le désinfectant

desinfectant

l'infection

infecció

le virus

virus

le VIH / le sida

VIH / SIDA

le médicament

medicina

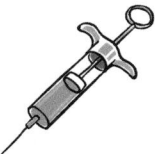

la vaccination

vaccí

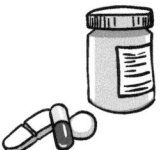

les comprimés

comprimits

la pilule

píl·lola

l'appel d'urgence

trucada d'urgència

le tensiomètre

tensiòmetre

malade / sain

malalt / sà

Au secours !

Socors!

l'assaut

assalt

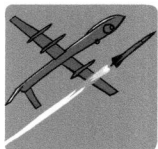

l'attaque

atac

le danger

perill

la sortie de secours

sortida-eixida d'urgència

Au feu!

Foc!

l'extincteur

extintor

l'accident

accident

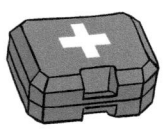

la trousse de premier secours

farmaciola de primers auxilis

SOS

SOS

la police

policia

l'Europe

Europa

l'Amérique du Nord

Amèrica del Nord

l'Amérique du Sud

Amèrica del Sud

l'Afrique

Àfrica

l'Asie

Àsia

l'Australie

Austràlia

l'Océan atlantique

Atlàntic

l'Océan pacifique

Pacífic

l'Océan indien

Oceà Índic

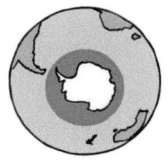

l'Océan antarctique

Oceà Antàrtic

l'Océan arctique

Oceà Àrtic

le Pôle nord

pol nord

le Pôle sud

pol sud

l'Antarctique

Antàrtida

la terre

terra

le pays

país

la mer

mar

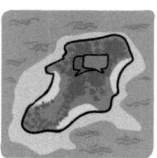

l'île

illa

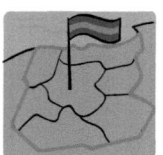

la nation

nació

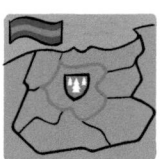

l'état

estat

le cadran

quadrant

l'aiguille des heures

agulla de les hores

l'aiguille des minutes

agulla dels minuts

l'aiguille des secondes

agulla dels segons

Quelle heure est-il ?

Quina hora és?

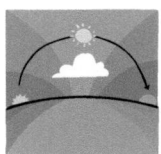

le jour

dia

le temps

temps

maintenant

ara

la montre digitale

rellotge digital

la minute

minut

l'heure

hora

la semaine

setmana

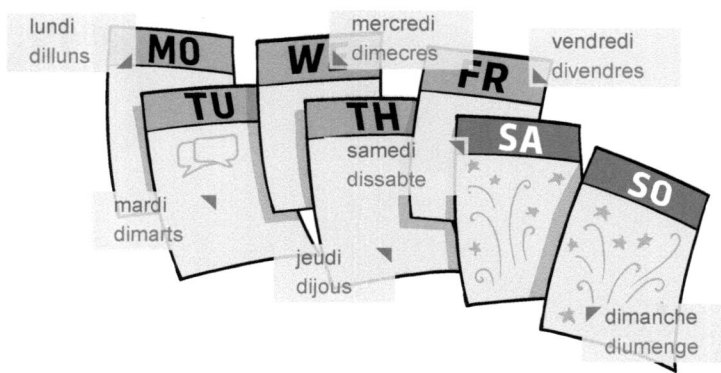

lundi / dilluns
mardi / dimarts
mercredi / dimecres
jeudi / dijous
vendredi / divendres
samedi / dissabte
dimanche / diumenge

hier

ahir

aujourd'hui

avui

demain

demà

le matin

matí

le midi

migdia

le soir

tarda

les jours ouvrables

dia feiner

le week-end

cap de setmana

l'année

any

la pluie
pluja
l'arc-en-ciel
arc de Sant Martí
la neige
neu
le vent
vent
le printemps
primavera
l'automne
tardor
l'été
estiu
l'hiver
hivern

4.APRIL 11°
5.APRIL 4°
6.APRIL 13°
7.APRIL 8°
8.APRIL 10°

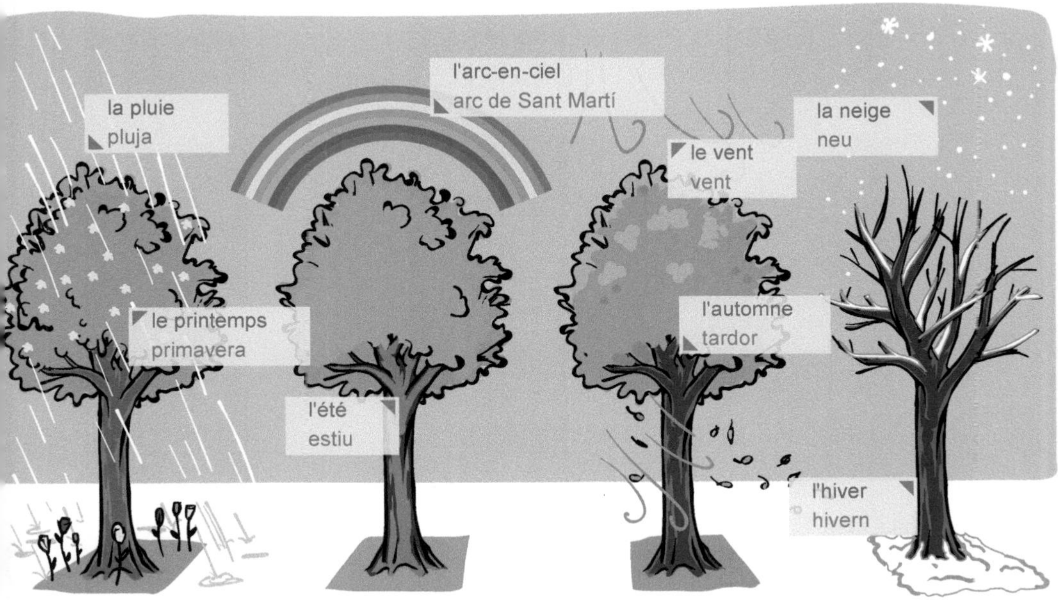

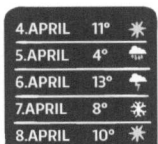

la météo

pronòstic del temps

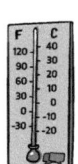

le thermomètre

termòmetre

la lumière du soleil

llum del sol

le nuage

núvol

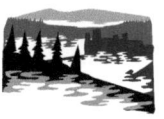

le brouillard

boira

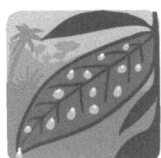

l'humidité

humiditat de l'aire

la foudre

llamp

la tonnerre

tro

la tempête

tempesta

la grêle

calamarsa

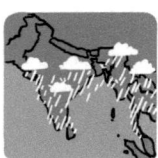

la mousson

monsó

l'inondation

inundació

la glace

gel

janvier

gener

février

febrer

mars

març

avril

abril

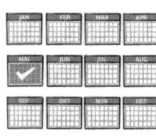

mai

maig

juin

juny

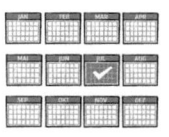

juillet

juliol

août

agost

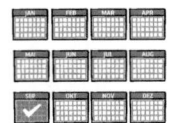

septembre

setembre

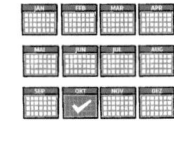

octobre

octubre

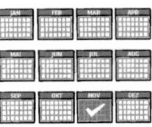

novembre

novembre

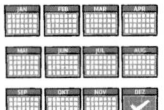

décembre

desembre

les formes

formes

le cercle

cercle

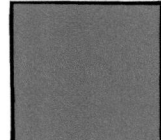

le carré

quadrat

le rectangle

rectangle

le triangle

triangle

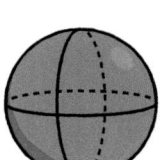

la sphère

esfera

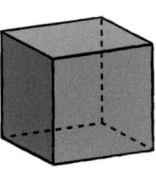

le cube

cub

blanc
....
blanc

jaune
....
groc

orange
....
taronja

rose
....
rosa

rouge
....
vermell

violet
....
lila

bleu
....
blau

vert
....
verd

marron
....
marró

gris
....
gris

noir
....
negre

beaucoup / peu

molt / poc

fâché / calme

emprenyat / tranquil

joli / laid

bonic / lleig

le début / la fin

començament / fi

grand / petit

gran / petit

clair / obscure

clar / fosc

frère / soeur

germà / germana

propre / sale

net / brut

complet / incomplet

complet / incomplet

le jour / la nuit

dia / nit

mort / vivant

mort / viu

large / étroit

ample / estret

comestible / incomestible

comestible / immenjable

méchant / gentil

dolent / amable

excité / ennuyé

entusiasmat / entediat

gros / mince

gros / prim

le premier / le dernier

primer / darrer

l'ami / l'ennemi

amic / enemic

plein / vide

ple / buit

dur / souple

dur / tou

lourd / léger

pesant / lleuger

faim / soif

gana / set

malade / sain

malalt / sà

illégal / légal

il·legal / legal

intelligent / stupide

intel·ligent / ximple

gauche / droite

esquerra / dreta

proche / loin

prop / llunyà

nouveau / usé

nou / usat

rien / quelque chose

res / quelcom

vieux / jeune

vell / jove

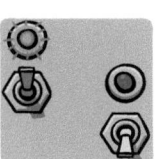

marche / arrêt

encès / apagat

ouvert / fermé

obert / tancat

faible / fort

silenciós / sorollós

riche / pauvre

ric / pobre

correct / incorrect

correcte / incorrecte

rugueux / lisse

aspre / suau

triste / heureux

trist / content

court / long

curt / llarg

lent / rapide

lent / ràpid

mouillé / sec

humit / sec - eixut

chaud / froid

calent / fred

la guerre / la paix

guerra / pau

les oppositions - oposats

0

zéro

zero

1

un / une

u

2

deux

dos

3

trois

tres

4

quatre

quatre

5

cinq

cinc

6

six

sis

7

sept

set

8

huit

vuit

9

neuf

nou

10

dix

deu

11

onze

onze

12

douze

dotze

13

treize

tretze

14

quatorze

catorze

15

quinze

quinze

16

seize

setze

17

dix-sept

disset

18

dix-huit

divuit

19

dix-neuf

dinou

20

vingt

vint

100

cent

cent

1.000

mille

mil

1.000.000

le million

milió

les langues
llengües

l'anglais

anglès

l'anglais américain

anglès americà

le chinois mandarin

xinès mandarí

le hindi

hindi

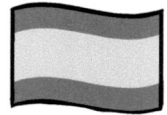

l'espagnol

espanyol

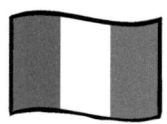

le français

francès

l'arabe

àrab

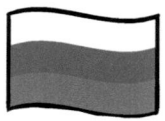

le russe

rus

le portugais

portuguès

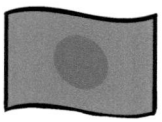

le bengali

bengalí

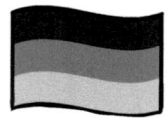

l'allemand

alemany

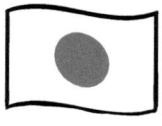

le japonais

japonès

je

jo

tu

tu

il / elle / ce, c', cela

ell / ella / allò

nous

nosaltres

vous

vosaltres

ils / elles

ells

Qui ?

qui?

Quoi ?

què?

Comment ?

com?

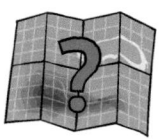

Où ?

on?

Quand ?

quan?

le nom

nom

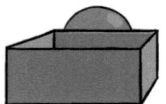

derrière

darrere

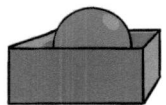

dans

en

devant

davant de

au-dessus

damunt

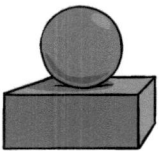

sur

sobre

en-dessous

sota

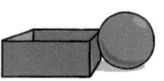

à côté de

al costat

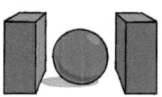

entre

entre

le lieu

lloc